원과 공간

이종철

시인의 말

10월의 하늘은 높고 푸르다
천정(天頂)으로 컴퍼스를 세워 커다란 원을 그린 다음
목공에 톱으로 곱게 썰어 내어 속을 들여다보고 싶다.

어릴 때 아버지를 따라 꽁꽁 언 강 한복판에
큰 구멍을 내고 물고기를 잡은 적이 있다
맑은 물속에는 물고기와 수초들 그리고 온갖 생명들이
마치 그림 속처럼 조용히 겨울을 살아내고 있었다

나에게 시인이란 이름이 붙여지고 난 뒤로
시문학의 창으로 보이는 세계는
마치 속이 보이지 않는 저 하늘이나
차가운 얼음장 아래 생명들과 같이
온 세상 만물이 새롭게 다가온다.
내가 마주 다가가면 말을 걸어온다.

그들과의 대화를 기록한 것이 약 칠십여
그 중에는 어설픈 것도 있고 부끄러운 것도 있다.
모두가 다 내 얼굴. 두렵지만 용기를 내었다.

딸애의 사랑으로 만든 소중한 나의 첫 시집이다.

2023년 10월

이종철

원과 공간

이종철

차례

시인의 말

제1부

원과 공간 _12
발 이야기 _15
시어(詩語) _16
콩나물시루 _18
자화상 _20
망각 _22
불면 _24
이사 전날 밤 _26
유다나무에 꽃이 핀다 _28
순명 _30
바람처럼 갈 수 있으면 _32
그 곳에 가면 _34
다랭이 논 _37
하늘 _38
흑백사진 한 장 _40
바람벽 아래 사람들 _42
미생의 독백 _44
눈 내리는 밤 _47

제2부

부부 _52
돌부처 _54
자작나무 앞에서 _57
예순다섯의 아내 _58
상사화 _60
들꽃1 _63
용돈 _64
초상화 _65
초상화에 대한 변 _67
어머니와의 대화 _68
내일을 위한 기도 _70
들꽃2 _72
아기똥풀꽃 _73
리아의 첫 돌 _74
배냇저고리 _76
생명 _79

제3부

하루의 시작 _83
몽돌해변 _85
여름 풍경 _86
구월의 풍경 _88
해바라기 _90

차례

해당화 _91
맥문동 _92
시월의 마지막 _94
가을 햇살 _95
그리움1 _96
봄의 서정 _97
봄눈 _98
2월에는 _99
봄의 유혹 _101
오월의 초대 _102
봄의 환영(幻影) _104
공명(共鳴) _108
흰 고무신 _110

제4부

낚시꾼 _115
등대섬 _116
그리움2 _118
불청객 _120
보름달 _122
나푼젤, 그 후 이야기 _124
아리수의 노래 _126
한강의 노래 _128
성내천 _130
온달 설화 _132

지구촌의 K _134
아마도1 _136
아마도2 _137
망우초 _138
늪 _140
성찰 _142
편의점1 _144
편의점2 _145
세모 _146

제1부

미생의 독백

"비록 한 뼘의 거리가 나의 일생일지라도
나도 달팽이처럼
손등을 타고 기어 오르리
기꺼이 뜨겁게 타오르는 심장에
부나방처럼 부딪히리라"

원과 공간

세상을 그리려고
콤파스로 가능한 큰 원을 그렸다
산과 나무를 그려넣었다
집과 집앞에 흐르는 강도 그렸다
강이 흘러 드는 바다도 그렸다
그리다 보니
해와 달도 그려야 했다
별도 그렸다

별들을 그려 넣다가 너무 많아서
집과 나무를 지웠다
산과 강을 지우고 그 자리에
별들을 그려넣었다
바다까지 지워야 했다
해와 달을 아주 작게 다시 그렸다
새로 생긴 공간에 별들을 그려넣었다

별들을 넘어
눈에 담을 수도 없는 큰 것이 있었다
아주 큰 그것은 강물처럼
모든 별들을 흘려보내고 있었다
내가 그린 원의 경계가 무너졌다

나는
별들도 지워야 했다
흰 도화지만 남았다

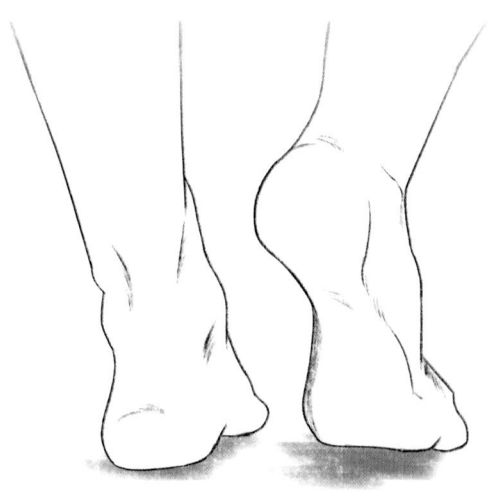

발 이야기

달리는 내게 말한다
숨차니 좀 천천히 가자고,
가끔씩 쉬어 가자고
이러다 내가 다치면
내 수발 들어 줄거냐고

나는 무시하고
달리고
계속 달렸다
달리다가 지름길이 있으면
진창이고 울타리고 가리지 않고
그 길로 내달았다

목발이 수발들고 있는 지금

내 수발(鬚髮)은
하얗게 새고 있다

시 어 (詩語)

수화를 배운 적이 없어
나만의 소리를 찾는다

얼굴로
입술로
손짓으로
그래도 모자라면
손가락 글씨로

의사가 처방한 발성기
기계음이라 싫다는
아내의 초조한 손바닥에
떨리는 손가락으로
소리를 쓴다
별을 담은 아내의 눈동자에
흔들리는 내 눈동자로
소리를 쓴다

아내만 들을 수 있는 언어
내가 찾은 시어(詩語)를 쓰기 위해
눈동자를 굴린다

눈가에 흐르는 별 하나.

콩나물시루

국밥 집 골목 끝자락
가로등이 비켜선 구석에 우두커니
콩나물 대신
담배꽁초 한가득 안고 섰구나

입구와 출구의 조화로
채움 대신 비움을 택한
독쟁이 영감의 예술혼으로 태어나

물바가지 하나 끼고
할머니방 윗목을 지키다
가난이 꼭 끼게 태어난 논두렁 콩
부어도 차지 않는 배고픔
눈 못 뜬 생명들
넉넉한 가슴으로 품었지

일곱 살이던가 내 어린시절
할머니 방에서 키 대로 누워
배고픈 키를 키웠지

할머니가 콩나물을 비우러 갈 때마다
우리는 키 대로 방을 떠났고
할머니가 뒷산 고개마루 넘어올 때
마지막 남은 나는 보았다
너의 밑바닥에 난 구멍들을
그 구멍으로 저녁노을이 흐르는 것을

골목 끝자락
가로등이 비켜선 구석에
국밥 묻은 꽁초가 쌓여간다

자화상

거울 속 벽면에
초상화 하나 걸려있다
아이가 그린 안경이 인자한 눈으로
입꼬리와 함께 웃고 있다
정말 그런가 자세히 깊숙이
옆에 앉은 눈을 들여다본다

웅크린 동굴 속 벽면을 더듬는다
익숙해진 빛 앞에서
글자들이 하나씩 먼지를 털고 일어선다
아무도 본적이 없는
나만이 해독 가능한 상형문자
풍랑에 너덜거리며
마침내 포구에 다달은
옛 범선의 항해일지인 듯
아득하게 읽힌다
누가 남겼을까

빠르고 거칠게 주름진 손바닥으로 먼지를 훔친다
동판 위에 부식된 흔적
살아서 송충이처럼 스멀스멀 기어나온다
음각의 깊이만큼 머리속으로 파고든다
오금이 저려 다리가 떨린다
목구멍에 불잉걸 한 덩이 삼켰다

아, 생살을 저미고 드러난 뼈를 깎아도
지울수 없는 뚜렷한 기록물
아이가 알아볼까 두렵다
거울속 초상화가 부끄럽다

망 각

차마 눈을 맞추지 못해
늘 갈래머리만 먼저 눈에 들어온다.
풀먹인 새하얀 칼라 위
머리카락 한올도 용서없이 닿았다.

눈부시어 땅을 본다
흰 운동화 끈에 먼지 한톨이 없다.

어깨너머 먼산 짙은 녹음
까만 교복의 굴곡선
미술시간 숨 죽여 그린 비너스의 목선!

바로 옆 숲에서 꿩이 울고
호숫가에 목련꽃 한잎 가라앉는다
그해 사월처럼—

텅 빈 교정엔 흰 국화향기만 흐르고
눈물을 잊은 고양이는
다락방으로 기어든다.

속절없이 오월은 또 흘러가는데
내 시린 가슴에 청량한 별 하나
아스라이 반딱이고 있다.

불 면

꼭 감은 두 눈 사이로
어제의 조각들이 보인다

밤은 골목 어디쯤 빠져나가고 있을까

블라인드 틈새로
익숙한 골목안이 텅 비어 있다
불 꺼진 가로등 하나
길게 달그림자를 밟고 이쪽을 본다

내일의 시간들이 정수리에 부딪힌다
이마 위로 포말들이 흐르고
끌어당긴 이불자락 밑에서
하나씩 기억을 터뜨린다

벤치에 누워 하늘을 본다
느티나무 잎사귀들이 눈앞에서 쏟아져 내린다
하늘이 깨어진 유리조각처럼 반짝거린다
빛보다 어둠이 좋다

느닷없이 까마귀 울음소리에 사방이 고요하다
어느 곳에서 온 까마귀인가
녀석은 왜 내 주위를 며칠째 맴도는가
두 눈을 질끈 감았다

내일은 너무 멀고 어제는 가깝다

이사 전날 밤

시간이 만든 허물을 벗었다
벌들이 빠져나간 벌집인양
편하고 익숙한 공간만 남는다

딸이 떠나며 남긴 장농 한 짝은
이마에 폐기딱지를 붙이고 불안한 듯
건너방에서 기웃거린다
남편의 숨소리가 나른한 소파만
지직거리는 tv앞에서 아직도 의기양양하다

괜히 가만히 누워본다

힘차게 윙윙거리는 냉장고 안
마지막 남은 생수병 하나가 보챈다
갑자기 목이 마르다

창가에서 제철을 잊고 피어난 수국이
꽃잎을 반짝이며 눈을 맞춘다
나도 때 아닌 내일의 공간이동을 생각하며
마시던 생수를 화분에 쏟았다.

시간이 또다른 허물을 만들기 시작한다.

유다나무에 꽃이 핀다

부활절에
유다나무의 절규를 본다
목을 멘 가지 끝으로
울컥 진분홍 피를 토한다

목을 타고 흘러내려
가슴골에 새긴 주홍글씨를
올해도 다시 쓴다

입이 가벼워
믿음이 가벼워
여린가지 하나면 충분했으리

죄가 무거워
배신의 입맞춤이 무서워
창 끝보다 뾰족한 가지 하나 골랐으리

해마다
용서를 빌고 빈다
단 한 번의 입맞춤으로
또다시 천년을 후회한다

인간의 가벼움
신은 진작에 알았다
용서는 예정된 사랑의 수순

그대 유다나무어
다음 부활절에는
순백의 꽃으로 피어나리

순 명

더 이상 쟁기를 끌 힘이 없는 늙은 소
코뚜레를 끊는 것을 본 적이 있다
코에서 코뚜레를 천천히 뽑고
늙은 소는 커다란 눈만 끔뻑인다
뽑아낸 코뚜레를 물끄러미 보는
늙은 소와 나

코뚜레는
지구 한 바퀴를 돌고도 남을 타원형이다
별까지 갈 수 있는 것이다
곧 발자국은 도솔천에 가 닿을 것이다

울음소리로 태어났다가
울음소리로 사라지는
모든 삶에는 희망이 있고
모든 주검에는 사연이 있을 것이다

한 아이의 탯줄을 끊을때
그래서 코에서 뽑혔다는데
늙은 소는 먼 하늘만 올려다본다
넓은 풀밭과 개울물 소리가 큰 눈에 담긴다

다시 또
송아지 코는 뚫리고

바람처럼 갈 수 있으면

때를 기다립니다
그대가 오시는 때를

떨어진 꽃잎 위에
반딧불이 하나 가만히 내려앉으면
그대인 줄 알겠습니다.

느티나무 낙엽 날리는 창틀에서
귀뚜라미 소리 뚝 멈추면
그대가 오신 것을 알겠습니다.

섣달 어스름 새벽일지라도
별하나 눈앞에서 빗금으로 흐를 때
그것이 그대라면 따라 가겠습니다.

살아있는 모든 것이 가는 곳.
그냥 따라 나설 뿐.

이슬비 속 달팽이처럼
먹구름 속 번개처럼
혹시,
도중에 적멸되지는 않는가요

어둠에 묻히지 않는 등불 하나 들고
이른봄 새벽 열리기 전
진달래 봉오리 터지는 능선길로
바람처럼 갈 수 있으면—

그 곳에 가면

높은 산이 있고
산장이 있다
십이월 눈더미를 이고
파란산장은 숲속에 웅크리고 있다.
잣나무 가지가 후두둑 눈덩이를 털고
벽난로 속에는 벌겋게 눈이 녹는다
상기한 그녀 뺨위에 셔터를 누른다
그는 언제나 거기에 있다

깊은 바다가 있고
등대가 있다
팔월 막더위 모래밭을 달구고
빨간등대 아래 텐트는 파도에 흔들린다
낚시대 끝에 파르르 잠자리 앉으면
뜰채 밖으로 노는 놀래미 꼬리를 본다
놀란 아이 눈속으로 셔터를 누른다
그는 언제나 거기에 있다

그는 언제나 거기에 있다
참나무 장작에 손바닥이 터져도
벽난로 잿더미로 머리가 하얗게 세어도
그는 언제나 거기에 있다
성게가시에 손가락 끝이 찔려도
백합구멍으로 토해내는 햇살에 발등이 익어도
그는 거기에 있다

나는 그를 만나러 그 곳에 간다
청춘의 얼굴로 기다리는 그
거기 가면 만날수 있다.

다랭이 논

아배는 전설이라고 했다
할배와 그 윗대 할배의
팔뚝에 돋았던 심줄들이라고
아베의 주름살은
차라리 파도 같았다
뭍으로 나가는 뱃전에서
멀어지는 어매 이마의 눈썹도 그랬다

아배는 이마에 이랑을 만들고
어매는 풀을 뽑고,
하늘은 바다에서 걸러낸 구름으로
비를 만들고
빗물은 층층이 넘쳐
바다로 나간다
이랑처럼

먼 바다를 돌아서 섬으로
섬처럼 푸른 힘줄이 돋는다

하 늘

하늘에 동그란 구멍을 뚫었다
속이 궁금하여
머리를 쑤욱 들이밀고
찬찬히 둘러보았다

그 속에는 내가 본 하늘보다
훨씬 더 크고 먼 하늘이 펼쳐져 있었다

지옥도 아홉계단 아래 있고
천국도 아홉계단 위에 있다

단테는 9보다 큰 숫자가 0임을 몰랐나
속이 빈 0이 9 다음에 온다는 것을
그 속에 무한대의 하늘이 있다는 것을
보이는 하늘은 이미 하늘이 아니다

그 날부터 나는
하늘에 구멍내는 일은 하지 않기로 했다.

흑백사진 한 장

누가 세월을 흘러 보내는가!
찰나의 순간들은 영원히 머문다
다만 망각하고 있을뿐.

내 눈동자가 저리도 영명하고
너의 입술이 저리도 투명할 때가

하늘아래 하나,
펄럭이는 깃발 아래서
그대들은 한강의 사금을 일구었다

거기 그대로 멈춰있다.

한 방울 두 방울,
레드와인이 번진다.
흑백의 구석구석이 환하게 물든다

누렇게 뜬 얼굴들이 말갛게 웃으며
푸른 심장들은 다시 뜨거워진다

바람벽 아래 사람들

천국을 믿는 파랑새
하늘을 날며 행복을 노래한다
하늘을 지배하는 독수리
바람벽 꼭대기에 고요히 앉아 있다

바람벽 아래의 사람은
그대의 주검을
바람벽 제일 높은 곳에 눕힌다
자신을 위해
자신의 영혼을 위해
파랑새가 부르는 천국을 노래한다

주검은 배고픈 독수리의 몫
영혼은 고달픈 산 자(者)의 위안

몸집이 큰 인도 코끼리
깊은 골짜기에 영혼을 던진다

아무도 찾을 수 없는 곳
상아만 찰나의 시간을 지킨다

그대는 땅속 깊은 곳에
하늘을 만들고 궁궐을 짓는다
수만의 군대를 만든 그대는
스스로 자신을 묻는다
금관만 찰나를 즐기리라

바람벽 위에
두었던 주검은 없고 허공속엔
바람벽 아래 사람의 영혼 뿐
천국을 노래하는 파랑새일 뿐

死者의 주검은 배고픈 독수리의 몫
死者의 영혼은 고달픈 산 **者**의 위안

미생의 독백

달팽이의 조상은 어족인가
비 오는 날 골라
제 집을 등에 지고 길을 나선다
숲을 찾는가
샘을 찾는가
느릿 느릿 한 뼘의 길

길을 막으면
손등의 핏줄을 따라 기어오른다
그 길의 목적지에 내 심장이 있다
네가 찾는 곳이 그곳인가

불을 찾는 부나방
불의 나라에서 왔는가
날기 전 독침으로 무장한 풀쐐기의 삶은
분신의 찰나를 위한 담금질이었나

그렇게 불을 향해 달려들면
삶은 멈추고
존재마저 소멸한다
네가 찾는 것이 그것인가

내 눈으로
달팽이 너의 삶은 그저 한 뼘
부나방 너의 삶은 재가 되는 찰나
나의 생도 마찬가진가
내가 너를 지켜보듯
저 하늘처럼 크다란 눈이
나의 찰나를 치켜 보는가

해탈은 멀고 허무는 가깝다
인도의 선현이여 무엇을 보았나요
달마가 본 것은 한갓 벽이 아닌가요
허무라 해도 재라 해도
벽일지라도
찰나의 순간에 후회는 없을

비록 한 뼘의 거리가 나의 일생일지라도
나도 달팽이처럼
손등을 타고 기어 오르리
기꺼이 뜨겁게 타오르는 심장에
부나방처럼 부딪히리라

눈 내리는 밤

눈 내리는 밤에는
산기슭에 하얀 길을 내며
눈 큰 사슴이 찾아온다

천지에 눈이 많이 와서 길을 잃었다고
잠시 언 발을 녹이고 싶다고
내가 지핀 난로에 아직
온기가 남아 있을 것 같다고

푸른 숲으로 사라진 당신은 끝내 오지 않고
눈은 고요히 내리고
나는 이불 밑을 따뜻하게 데운다

숲으로 난 길에
다시 눈이 내리고
당신의 온기는 아직 따습고

눈 내리는 밤은
눈처럼 새벽이 온다
눈을 뜨지 않아도 새벽이 하얗게 온다

눈 큰 사슴은
눈밭으로 난 하얀 길을 지우며
왔던 길을 따라 숲으로 사라진다

다시 차가워진 난로에 불을 지핀다
언젠가 찾아올 눈 큰 사슴

제2부

예순 다섯의 아내

"딸 둘 예쁘게 짝지어 보내고 나니
이제 예순을 훌쩍 넘겼다.
은퇴 후 느리게 가는 시간들 사이에
아내의 삶을 기웃거린다."

부 부

공원 오솔길 끝자락
오래된 느티나무 두 그루
늦가을 호수에
마른 낙엽을 날린다

군데 군데 벗겨진 벤치
편안한 그림자 둘
물위로 흐르는 윤슬 위로
은빛 머릿결이 일렁거린다

기울어진 석양으로
차가워진 그림자 하나가
흰 머리에 붉은 베레모를 씌워주고
다른 그림자는
주름진 목에 붉은 스카프를 둘러준다

서쪽 황혼빛에
귀밑 머리결이 빛난다
턱밑 목선이 곱다
석양을 닮은 단풍잎이
호수에 불꽃으로 일렁인다

돌부처

나는 사랑할 준비가 되어 있어요
그대가 손을 내밀기만 하면
기꺼이 잡을 준비가 되어 있어요
온 정성을 다해 잡을 거에요

그대 사랑을 구하는 이여
고개를 들어 하늘을 보세요
나 그대를 진작에 사랑했기에
저기 흐르는 구름과 바람
해와 별의 시간을 품은 내 영혼
오직 그대를 위해
예정된 그대와의 사랑을 위해
여기 이 자리를 지키고 있어요

긴긴 세월을 지나며
따뜻한 미소는 잊었어요
날카로운 살얼음처럼 차가워 보이겠지만
가만히 내 손을 잡아 보세요
손끝에서 얼음이 녹으며
잊었던 사랑을 느낄 거예요
뜨거운 사랑을 하게 될 거예요

나는 사랑할 준비가 되어 있어요
내 사랑이 미덥지 못하면
나를 보세요
내 눈을 가만히 들여다보세요
눈동자 뒷편 지나온 세월
내 사랑이 얼마나 깊은지 보이나요
이제 당신의 손을 주세요
나는 사랑할 준비가 되어 있어요

자작나무 앞에서

당신이 자작나무 흰 껍질에 손을 대자
잎새는 파르르 떨었고,
당신이 팔을 벌려 나무 둥치를 안았을때
우듬지가 목젖을 삼키며 눈을 감았다.
숲에서 빨간 들장미 향기가 실려오고—
그렇게 내 사랑도 왔다.

세월이
껍질을 벗겨도 벗겨도
자작나무는 하얀 그대로—
내 사랑도 그렇다

            - 아내의 63세 생일을 축하하며
                        (2020.2.26.)

예순다섯의 아내

시골집 아랫목에 좌정하신 아버지 말씀
형제는 콩 한조각도 나누어 먹어야 한다
동생 넷은 익숙한 듯 고개를 끄덕이고
모로 앉은 어머니는 반가움 반 씁쓸한 미소를 짓는다

서울서 인사 온 얼굴 하얀 25세 처녀,
아내는 그렇게 나와 부부가 되었다

언제였나 아마 아내가 마흔을 넘겼을 때 쯤
콩나물을 다듬으면 아버님 말씀이 생각난다고
자기 인생이 순탄치 않을 걸 그 때부터 짐작했다며
아내는 씁쓸하게 웃었다

딸 둘 예쁘게 짝지어 보내고 나니
이제 예순을 훌쩍 넘겼다

은퇴 후 느리게 가는 시간들 사이에
아내의 삶을 기웃거린다

빈둥대는 내 아침상 의무인 양 챙긴 뒤
스틱커피 향과 함께 라디오 음악에 귀를 맡긴다

손에는 책 한권
책 읽기를 좋아한다
며칠 전부터는 장편소설 '위험한 관계'가 곁에 있다
내용이 궁금하여 나도 읽어 봐야겠다
단지 제목에 대한 호기심일 뿐

그녀를 처음 만난 곳은 자작나무 숲이었다
키 큰 자작나무 한 그루 두 팔로 안고
빙그르르 한 바퀴 돌다
자작나무라는 이름과
하얀 껍질의 촉감이 좋다고 했다.

목선이 가늘고 긴
자작나무를 닮은 그녀.

상사화

그대가 심은
꽃씨 하나, 너

봄꽃들 질세라 다투어 피는데
가녀린 풀잎인 채로 그대를 바라본다
그대로 잎사귀마저 사라진 자리
그냥 풀 한 포기 고사한 줄 알았다
그 자리에 너 있는 줄은 몰랐다

금지된 사랑의 저항
장미는 가지에 가시를 품고 있는데...

전설이 묻힌 그 자리
몸은 땅속에 아직 그대로
창백한 팔만 내밀어 기도하는가
길게 목을 뽑아 하늘을 원망하는가
아니, 간절히 기도하다
별이라도 품었는가
신도 그냥 묻을 수 없어 영혼으로 피워냈구나

사람들은 쉽게 장미를 사랑하고
사람들은 쉽게 장미를 버리는데...

밤을 지새운 너의 긴 목
애절하게 달린 꽃잎
비록 꽃받침도 없이 피었을지라도
너의 지순한 개화를
그대가 어찌 사랑하지 않으리

들꽃 1

잘 정돈된 화단에
꽃 한 송이 피어 있습니다
낮고 구석진 곳이라
쪼그리고 앉아야 보입니다

생경한 풀잎 내음이 나는 꽃입니다
수줍음에 웃자라지도 못합니다
벌들도 알지 못하고
벌들을 부를 줄도 모릅니다
아직 학명도 꽃말도 없습니다

그대로 시들까 떨어질까
하루에도 몇 번씩
안타까이 훔쳐봅니다.

용 돈

딸아이가 봉투를 내민다.
윤이 반짝이는
알밤 세 톨이 들었다

새벽 별
저녁 달과 함께
한달 동안
그렇게 빚었다.

감히
내 어찌 함부로
깨물어 먹을수 있나.

초상화

여섯살 손주가 그린 나는
머리칼은 적은데 까맣게 염색되었다
이마는 주름진 주황색이고
면도자국을 파랗게 그렸다
바지는 빨간색
셔츠는 파란 목티다
입가엔 미소가 가득하지만
눈은
금테안경 너머로 보이는 눈은
졸린 눈을 그렸다
예순 여섯의 졸린 눈

초상화에 대한 변

억새꽃같이 흰 머리카락이
숱은 적어도 검게 보이고
백양목 처럼 가는 발목이어도
옥빛 바다 배경 앞에서
빨간 쫄바지의 힘찬 다리로 보이고

갈비뼈 드러나는 얇은 가슴은
남빛 목티로 짙게 가린 채
윗저고리 멋지게 걸친
당당한 어깨로 보이고 싶었어요

그런데 진정한 이유는
햇살투명한 칠월
청포도의 계절이 아직도 가슴 설레이는
청춘이고 싶은 마음
예순여섯
우리 할아버지의 마음을 그리고 싶었어요
손주의 눈으로

어머니와의 대화

어머니는 구순에 귀가 거의 들리지 않는다
나는 목수술로 말을 못한다

'아이고 우리 장자(長子) 전화네~!'
(네, 어머니! 건강하시고 별일없지요?)
'그래, 내사 잘 있제~ 내 걱정 말거라'
― 그다음 말씀도 뻔하다 ―
'밥은 잘 묵나? 잘 묵어야 버틴다~'
(네, 잘 먹습니다. 에미가 잘 챙겨줍니다)
'목소리는 좀 나아진나~? 나는 몬 느끼겠다~!'
(네, 많이 좋아졌습니다.)
'언제 한번 보겠노~? 니 얼굴 한번 봐야 할낀데'
(네, 목소리 더 좋아지면 찾아뵙겠습니다)
― 마지막 멘트도 잘 안다 ―
'고마 전화 끊어라, 말 마이하믄 힘들다'
(네, 어머니! 안녕히 계세요. 또 전화 할께요)

나는 그 다음 말씀은 듣지 않고 끊는다.
당신의 안부는 알았으니까.
물론 당신은 한동안 전화기를 귀에 대고 계실테지만,
어머니는 내 목소리를 그렇게 들으신다

내일을 위한 기도

할 수만 있다면,
창밖 도시의 풍경을
지우개로 지워버리고 싶다.
그 자리에
태고의 동산과 해변을 그려 넣고 싶다.

잿빛뉴스로 가득한 거리
빌딩의 높이는 마주 보며 썩은 미소를 짓고
뒷골목 무용담이 다큐멘터리 영화가 된다
구경꾼들이 주연으로 뒤바뀐 채
카메라 앵글이 맞춰져 돌아간다

흑과 백
선과 악

잘라서 버린 흑백필름 조각들 속에서 기어 나와
당신을 비웃고 있다
당신은 멀리 언덕위로 희미하게,
십자가를 메고 가고 있고—

주여, 부디
뒤돌아보소서
당신의 사랑을 포기하지 마소서
오늘부터 태어나는 아기의 맑은 눈은
저들을 보지 못하게 하소서

저들의 손이 닿은 곳은 언저리까지 도려내어
흐르는 용암속으로 버리소서
당신의 마지막 기적을 행하시어
도시의 하늘에 가득찬
잿빛을 지워주소서

들꽃 2

벌판에 들꽃이 피어납니다
저마다 다른 향기가 납니다

키가 큰 꽃은 눈에 띄지만
작은 꽃은 찾아야 보입니다

향기가 짙으면 키가 작아도 알 수 있습니다
가끔은 꽃잎 하나 덜 자란 꽃이
더 짙은 향기가 나기도 합니다

향기가 짙은 꽃은 벌들이 더 잘 기억합니다
땅에 떨어진 꽃씨까지 기억합니다
그래서 이듬해 다시 찾아옵니다

아기똥풀꽃

봄바람이 기분좋은
뚝길을 걷다가
길섶에서 아기똥풀꽃을 만났다
노란 꽃잎이 이름만큼 예쁘다

가까이 다가간 코끝에
갓 돋은 풀잎 냄새가 묻어난다
한참을 코박고 있으니
우리애기 배꼽 살내음이다

끼야아 웃음소리에
놀라 눈을 떴다
새끼손가락을 거머쥔 아기 손너머로
아기똥풀꽃이 활짝 웃고 있다.

리아의 첫 돌

누가 감히 세월이 빠르다고 하나
누가 감히 1년은 금방이라고 하나
1년은 365일
시간으로 8760시간

엄마는 시간 수만큼 아픈 젖을 물리고
아가는 물린 양만큼 예쁜 똥을 눈다
엄마는 눈을 뜨고 잠을 자고
아가는 눈을 보며 꿈을 꾼다

엄마가 '어엄~마'를 눈으로 가르친 시간
아가가 '아압~빠'를 입으로 방긋거린 시간
엄마가 가슴 아리게 보낸 시간이다

뒤집기는 훌륭한 운동선수의 소질이라고
네발로 걷는 자세는 아이돌이 될 가능성이라고
잼잼이는 뛰어난 천재성의 발견이라고
아빠가 입이 아프게 바보가 된 시간이다

아가야, 예쁜 우리 아가야!
너는 이제 삼라만상의 중심
네가 바라보는 곳마다 세상은 열리고
네가 생각하는대로 세상은 돌아가리
세상의 모든 지혜는 너를 위해 준비되었고
네가 가꾸는 운명은 너의 곁에서 너를 지키리

오늘은 100년을 위한 첫번째 날
경사의 날 기원의 날
축복의 하루
너의 첫돌이다

배냇저고리

에덴동산에 살던 아담과 이브는 서로 다름을 알고
뭇 짐승들과도 다른 인간임을 알고
그들은 나뭇잎으로 서로의 몸을 가렸다.
— 성경에서 —

해와 달이 영겁으로 바뀌고
나뭇잎은 피고 지고 피고 지며
하느님에게 닿은
아담과 이브의 기도로
순백의 꽃잎으로 피어난다.

깃도 섶도 흔한 꽃실 한 땀 없어도
너의 요람속 둥지에서
꽃잎은 하얗게 빛나지!
그리고 네 겨드랑이에 날개 자라나면
세상의 엄마들은 그 꽃잎 고이접어
가슴에 묻는다.

인간만이 누리는,
인간임을 증명해 줄 그것,
배냇저고리를
엄마들만 아는 가슴 한켠에 꽁꽁 묻는다.
네가 엄마가 되어 찾을 때까지―

오늘은 너를 위해
엄마가 선물하나 준비하는 날이다.
세상이 주는 첫 선물이다.
하느님께서 허락하신 순백의 꽃잎!
추위도 더위도 꽃피우고 있어야 해.
향기에 취해 너 스스로 벗을 때 까지
세상 만물이 네가 인간임을 알수 있도록―

생 명

암탉이 알을 품고
꿈을 꾼다

엄마의 엄마
그엄마의 엄마들처럼

먼 옛날 하늘이 열릴때 부터
우주에서 가져오는 별 하나
가슴에 품었다

아기 손톱보다 더 연한 부리로
우주의 벽을 부수고 나와
별나라에서 본 푸른 별에서
첫 울음 터뜨릴 때까지

암탉은 꿈을 품고 있다.

제3부

공 명 (共鳴)

"이제, 깊숙한 와인 저장고에는
무르익은 포도향으로 가득하다.
잊고 있었던 향기에 나는
심호흡과 함께 굳게 닫힌 입술을 연다."

하루의 시작

캠핑카 커튼을 젖히고
고요히 해풍이 들어온다
머리맡으로 파도가 밀려오고...

숨을 멈추자 소리가 들린다.
자갈 고르는 소리
모래 씻는 소리
파도에 실려와 베개 아래로 들린다

다시 숨을 멈추고 귀를 기울이자
게 구멍에서 거품 뿜는 소리
소라껍대기 속 실바람 소리
파도에 떠밀려가다 뒤에 남는다.

새벽 해무자락 걷힌 사이로
어슴푸레 열린 수평선
해조 한 마리 날아오르고
오늘의 이야기가 발갛게 솟아오른다

몽돌해변

파도가
쪼개고 쪼개고

파도가
갈고 갈고

파도가
씻고 씻어서

몽돌이 된다

파도는
세월을 붙잡고
화석을 몽돌로 만든다

인간의 발자국이 지워질 때까지

여름 풍경

때이른 장맛비가 쏟아진다

둥근 연잎 아래
청개구리 떼지어 폴짝거리고
팔각 지붕 아래
산책길 흙발자국 허둥댄다
미처 못 들어온 몇사람
처마밑에서 빈 마루를 기웃거리고—

샛바람 한줄기 타고
후두둑 후둑
참새떼 날아들었다.
팔각으로 둘러앉은 시선들
호기심에 등줄기가 시원하다.

꼬마가 던진 빵부스러기
참새떼 한무리 더 불러들였다.
때 아닌 새떼들 소란스런 식사시간—

처마 아래 젖은 시선들, 선채로
참새부리 따라 쫓아다닌다
토도독 토독
오륜정 아래서 모두가 웃고 있다
앉아서도 서서도 어른도 아이도—

팔각지붕 위 구름 사이로 햇살이 쏟아진다
공원 연못가에
청개구리 소리는 멎었다

구월의 풍경

여름 축제가 끝나고
어지러이 널린 하객들의 발자국
파도가 조용히 닦아내고 있다
모래는 걸러서 씻고
몽돌은 문지르고

덩그러니 홀로 남은 낚시꾼
힘겹게 낚싯줄 당기고
멀리서 끌려오는 작은 고깃배
파도와 갈매기가 따라 온다

배고픈 고양이
빈 수족관 기웃거리다
빨래 걷던 민박집 아줌마 눈길에
뒷걸음질로 숨는다

아직도 식지않은 초저녁 달빛
가는 여름 아쉬워하며
방파제 끝에서 몸을 식힌다
한참을 떠날 줄 모른다.

해바라기

온종일
따라 돌다
목고개가 휘고

온종일
바라만 보다
얼굴이 점투성이다

오늘 해 지기 전까지는
꼭
네 사랑을 고백하려무나

해당화

그 바닷가에는
꽃들이 피어난다

꽃송이에 가만히
귀 대어 보면
해녀 숨비소리 들리고

꽃잎 속을 한참 들여다 보면
멀리 고깃배가 그물을 걷는다

꽃송이들은
저마다 그 바다를 품고 핀다
해풍이 불고
파도가 밀려오는 그 바다

그 바닷가에는
얼굴이 발갛게 익은
아이들이 자란다.

맥문동

솔밭이 만든 그늘 아래
보랏빛 자리가 깔리누나
팔월 햇살을 쪼개어 제치고
자수정 수렴으로 걸리누나

봄 실바람에도 벚꽃잎 지고
종다리소리에 목련잎 지는데
태풍도 비껴간다
천둥도 소리를 삼킨다

저 심지가 뿌리까지 이어졌을까

한 포기 고이 캐어
내 글 밭에 키우고 싶다
내 시가 어지러울 때
가장 먼저 보고 싶다

그대가
삼동(三冬)을 견딘
푸른 솔과 어울리듯

시월의 마지막

가을이 익어가는데
거두어 담을 항아리가 작다

저기 은행잎이 저리 노랗고
여기 단풍잎이 이리 붉은데

내 항아리는
너무 작고
너무 얕아서
익은 가을을 다 담을 수가 없네

가을 햇살

신이여!

제 사랑을 알고 싶으시면
당신의 오른손으로
저의 왼쪽 귀를 잡아 끌고

저 찬란한 가을햇살 내려비치는
마당 한복판으로 가서
커다란 거울로
퍽...
뒤통수를 갈겨보세요

산산히 쏟아져내리는 햇살
그것은 제 영혼의 조각들입니다

그리움 1

그립다가
그립다가
가는 길이 외로운
길 끝에
희미한 기다림 하나 있지

꽃 피다가
꽃 지다가
가는 길이 그리운
길섶에
꽃들은 더 붉게 피었지

그 길 끝에 그리운
꽃 한 송이 지고

그 길 끝에 외로운
기다림 하나 있지

봄의 서정

도란도란 개울물 거슬러
둔덕 위 오솔길 따라
공원 끝 자작나무 숲으로
숲은 에메랄드빛 하늘로 반짝인다

개울가에 비스듬히 선 버드나무
막 감은 머리 빗어내리며
바람결에 흐르는 애가지
새 순이 조신하다

긴 겨울 곁을 지킨 의자
팔걸이와 등받이가
햇볕 아래서 졸고 있다

코 끝을 간지럽히는 실바람
속살거리는 겨울 이야기도
봄이 되고

봄 눈

봄은 벌써 발 아래까지 왔는데
겨울을 놓친 함박눈이
마을을 온통 새벽까지 덮는다.

어둠이 아직 짙은
등 밝히고 떠나는 그대여,
마을 한바퀴 돌아서 어디로 가는가!
길섶의 하얀 눈은
갈 길을 밝게 열고 있다.

외로운 여인의 고독의 크기만큼
하얗게 머리위에 켜켜이 쌓인다.
봄눈은 고요히 오고
여인은 눈을 맞으며 걷는다

2월에는

벽장 속에 겨우내 말린 씨앗
한 웅큼 꺼냅니다
뒷산 청솔가지에서
잔설 한 덩이 털어 담습니다

얼음 풀린 개울물
한 바가지 길어 옵니다
오다가 양지쪽 따스한 햇살
한아름 베었습니다

메마른 벌판에
아지랑이 만들어 피울려구요
개울물 따라 숲으로 난 길에
봄 씨앗 뿌릴려구요

맨발로 오시는 님
녹색 길 만들어 드릴려구요

봄의 유혹

세상의 시인들이여!
다들 어디에 계신가요?
여기 이렇게
봄이 왔는데

화가를 꿈꾸던 소녀여!
어디서 무엇을 하는가?
여기 이렇게
벚꽃이 흐드러지게 피었는데

아, 사랑하던 사람이여!
어찌하리오?
저기 저렇게
꽃잎 흩날리며 손짓하는데
치마폭 휘감으며 도발하는데

나 혼자 어찌 감당하리오

오월의 초대

오월의 초대장을 쥐고 느리게 걷는다
발걸음 사이로 녹색물이 흐른다
제비꽃 무더기가 따라 걷는다
클로바 잎 위로 하얗게 따라온다

하늘 높이 초록이 자란다
가지마다 빼곡히 녹색이 흐른다
가늘게 뜬 눈에 녹색물이 고인다

풍선처럼 부풀어 날아오른다
벚나무 가지에 내려앉는다

실버들 바람이 불어오자
수련이 기지개를 켠다
크로바 잎이 저렇게 클 수 없는데...

파르르
날아오른다
파랑새를 보았다

주르륵
초록 눈물이 흐른다
발자국에 녹색물이 고인다

물에 뜬 구름 한 조각
녹색으로 젖어든다

님의 눈동자가 반짝인다
초원의 빛이다

봄의 환영(幻影)

그녀가 나무를 그리더니
캔버스 가득 숲을 완성했다

나는 조용히 숲속으로 걸어 들어간다
그늘은 서늘하고 잎은 연녹색이다

그녀가 붓을 들어 나뭇가지에
꼬리가 파란 새 한 마리를 앉히자
귓가에 새 소리가 들린다

다시 흰 물감을 붓 끝에 찍어
성근 잎사귀 사이로 햇살 몇 가닥을 그었다
겨우내 양지 녘에서 그립던 햇살
눈을 감으니 나뭇잎 그림자가 아른거린다

그녀의 붓을 따라 더 깊은 곳으로 들어갔다
그 곳에도 몇 줄기 빛이 들어오고 있었지만
새소리는 더 이상 들리지 않는다

옆으로 길게 자란 나뭇가지에
새집 하나가 메달려 있다

새집은 텅 비어 있고
그녀가 혼잣말로 중얼거린다
파란꼬리새는 파란꼬리새를 찾아갔다
짧은 봄 햇살에 산딸나무 꽃이 다 지고 있는데
그 새가 오지 않아 찾아 나섰다

나는 말하고 싶었다
내년 봄에도 산딸나무 꽃은 피는데
봄은 기다리면 오는데

하지만 나는 말할 수 없었다
눈을 뜨고 이미 숲에서 나와 있었다

그녀의 붓끝이 빠르게
숲을 진초록으로 덧칠하고 있었다

[봄의 환영] 이진희 作 (2023)

공 명 (共鳴)

침묵과 고독 속에서,
붉은 노을이 점차 빛을 잃어갈 때
어스름은 포도밭 끝으로 다가오고
낮의 환희는 농가의 고요속에 잦아든다.

만물의 소리들은
이명처럼 고막을 두드리고
나는 새로 낸 문을 열어 준다.

이제, 깊숙한 와인 저장고에는
무르익은 포도향으로 가득하다.
잊고 있었던 향기에 나는
심호흡과 함께 굳게 닫힌 입술을 연다.

세상과 단절되었던 향기가
둥 글 게 둥 글 게
문밖으로 번져 나간다

입안 가득히 넘쳐 흐르는 것,
가슴으로부터 올라오는 그리운 울림
마침내 자유를 찾은 본능의 소리

너무 멀리 있지만 이제,
세상의 귀를 두드릴 작은북 소리
입술에서 터져 나간다
들리는가 그곳의 그대여!

흰 고무신

산안개 골짜기를 자르고
산사의 그림자 밀어내면
섬돌에 흰 고무신
밤새 받아 둔 정화수
오늘을 세신(洗身)하는 시간이다

게다짝 소리 산하를 뒤덮은 후
신작로 돌뿌리에 채이고,
한 평 골방에 널브러져
쏟아내는 육혈(六穴)의 혼
인고한 세월이 얼마더냐!

하지 하늘이 아무리 뜨거워도
중천의 해(日)는 끝내
황혼의 해(海)에 잠기리!

타고난 백의의 숙명으로
청홍(靑紅)의 회오리 모두 쓸어담고
이제 성불을 기다린다

그대 순백의 완성 이루면
신이여!
삼라만상을 축복케 하소서.

제4부

성 찰

"지금 보이는 너는
누구냐!
하얀 눈위에
어지러이 발자국만 찍었던 너,
어제의 내가 아니다."

낚시꾼

한강수
도도히 흐르는 뚝방 위

잿빛 비둘기 두 마리 모이를 쪼고
태공은 낚싯줄 찌를 쫓는다

탐욕스런 붕어 주둥이
지렁이 몸만 핥고

물결 따라 흐르는 세월
애타는 태공의 심장을 핥는다

한강수
도도히 흐르는 뚝방 위

무심한 무지렁이 한 마리 기어 나오고
비둘기 두 눈이 매섭게 입질을 한다

등대섬

뭍에서 보면
수채화 속 고래 한 마리
미동도 않은 채 바다에 떠 있다

길게 목을 뽑아
외더듬이 끝에 달린 눈으로
수평선 너머의 절망을 찾는다

파도를 따라
희망의 끈을 붙들고 흘러 들어온 영혼들
검게 굽은 등허리에
차례로 피로를 벗어 던진다

천년을 파 먹힌 허리
속도 등처럼 까맣게 탔겠지
태연하게 떠있다
두 발이나 바닥에 닿아 있을까

수채화 속 고래 한 마리
이제 뭍을 꿈꾸고 있나 보다

깜깜한 밤
플라타너스 넓은 잎사귀가 번쩍거리며
툭툭 투두둑
잠 못 자는 창을 두드린다

그리움 2

길을 가다가 나무 그늘 아래 흰색 벤치를 발견했을 때
벤치에 앉자마자 참새 떼가 무더기로 날아가 버릴 때
그 때 비둘기 두 마리가 슬금 슬금 다가와 느티나무 뿌리를
콕콕 쪼을 때
갑자기 부스러기까지 다 털어먹은 바케트 빵 조각이
생각났을 때
그 때 나는 외롭다

비가 와서 근처 편의점에서 비닐우산 하나를 샀을 때
펼쳐진 비닐우산 너머로 앞 사람이 비를 맞으며 걸어가는
모습이 비칠 때
그 때 돌개바람이 휙 불어 비닐 우산을 뒤집어 버릴 때
안간힘을 써가며 우산을 접으려는데 갑자기 우산 비닐이
찢어졌을 때
그 때 나는 외롭다

만나자고 전화를 하자마자 달려나온 친구가
찢어진 내 우산을 바라볼 때
친구와 별다방에서 아 아 한 잔씩 마시며 수다를 떨 때
그 때 친구가 최근에 본 코미디 영화 이야기를 하며
꺼억 꺼억 웃을 때
공허하게 웃는 친구 얼굴 너머로 누군가가 떠오를 때
그 때 나는 외롭다

그대가 그립다
외로움 끝에 그리움이 있다

불청객

방충망에 매미 한마리 찾아왔다
풀먹인 모시수의처럼 두 날개 단정히 접고
모눈종이 격자에
앙상하게 마른 발가락을 걸었다
숨차, 앞발 한번
숨차, 뒷발 한번
하늘을 향해 기어오른다
옆으로 갈지라도
아래로는 가지 않는다

저 땅은 지겹다
절대로 떨어지지 않아야 한다

니가 사는 곳을 보려 왔다
창틀은 참 견고하게도 만들었구나
방충망까지 둘러치고 있구나
내가 보금자리에 알 깨워 키울때
너는 크르륵 크르륵 아스팔트를 덮었다

생애 단한번 짝짓기를 위해
쓰르르 쓰르르 처절한 연가 부르던 숲이
니가 사는 이곳
아파트 숲이 되었구나
방충망을 열어다오
너처럼 한번 살아 보고 싶다
……

그러다가 늙은 매미는
툭
아스팔트 위로 떨어졌다

보름달

백년만에 큰 보름달이 뜬다
고장난 회중시계 부속품 풀어 헤쳐 놓은 것처럼
보름달이 푸르게 녹슨 바닥을 드러낸다
달나라에 계수나무는 없고 옥토끼가 떡방아를 찧는 대신
금광을 캐기 위한 달나라 개척시대가 열린다
하늘에서 붉은 비가 내리고
바다에는 손과 발이 달린 물고기가 헤엄친다
자연인이 태양신을 분해하기 위해 지옥이 없는
불덩어리 속으로 날아가 신의 심장을 끄집어 낸다
인간이 인간을 조립하고 조립된 인간이 초인이 된다
도구가 흉기가 되어 자연인의 목을 노린다
핵은 통제를 벗어났고 초인은 검색대가 필요하다
초인의 발 아래를 걷는 행렬들 등 뒤에는
이미 절망의 빙벽이 녹아내리고 있다

산책길을 가족들이 걷고 있다
아내가 달을 향해 스마트 폰을 들이대었다 보름달에서
아이들의 노래소리가 메아리로 되돌아온다
달 달 무슨 달 쟁반같이 둥근 달
할머니의 손을 잡고 손주가 깡총거린다
자꾸만 앞서 나간다 숨차서 연신 주춤거리는 할머니
좀 천천히 걷자 쉬엄쉬엄 가자꾸나
팔짱을 끼고 부축하는 아빠
여보,스마트폰 그만 끕시다
보름달이 길게 그림자 다섯을 끌고간다

나푼젤, 그 후 이야기

코로나왕국의 왕자와 나푼젤은
마지막에 아들 딸 낳고 행복하게 잘 살았지요

나푼젤을 만났다
마법의 머리칼은 잘리운 채
파랗게 실핏줄이 드러난 손마디를
마른 나뭇가지처럼 비틀어 마주잡고
눈만 쾡하니 다시 소녀를 꿈꾸며
왕자가 오기를 기다리고 있었다

코로나 왕국의 화려한 불빛
수많은 나푼젤이 헤메는 거리
스스로 왕자가 되고 마녀가 되어
사랑을 얻고 사랑을 훔치다
머리칼을 잘린 채
다시 옥탑에 갇힌다

엘리베이터 앞에 늘어선 행렬
사거리를 지나
건너편 아방궁 불빛까지 이어지고
한 손에는
머리칼을 자른 은빛 나이프를 쥐고
다른 한 손에는
붉은 포도주 잔을 흔든다
식탁아래 길들여진 셰퍼트
피 묻은 주둥이를 쩍쩍거린다

마녀가 된 나는
눈 먼 왕자의 가면을 쓰고
엘리베이트 앞에 서 있다

나푼젤의 마지막 눈물이 필요한 때

아리수의 노래

하늘에 둥둥둥 북소리 울리고
동녘 수평선 위로 맑은 해가 솟아오른다
서기어린 대륙에 서서히 안개가 걷힌다
발톱을 드러내고 대륙을 향해 기지개를 켜는듯
대륙의 동쪽 끝에서 남으로 흘러내린
호랑이의 척추를 닮은 태백의 산들아
척추에서 골수를 뽑아 정화수를 만들어라
아리수는 반도의 동맥 태백의 혼이 흐르는 곳
풍요의 땅으로 흐른다
영원한 생명의 원천이다
아리수야 흘러라 넘치도록 흘러라

아비는 아이를 낳고 어미는 가족을 만들고
가족이 모여 또 가족을 만든다
추운 땅 사람들은 햇볕을 쫓아 내려오고
산골오지 사람들은 물길을 따라 흘러왔다
사람들은 모여들어 아리수를 마시고
무딘 돌을 쪼개고 나무 가지를 꺾어 깎고
모래톱에 화톳불 피워 삶을 죽여 삶을 이어간다
아리수는 반도의 동맥 태백의 혼이 흐르는 곳
풍요의 땅으로 흐른다
영원한 생명의 원천이다
아리수야 흘러라 넘치도록 흘러라

한강의 노래

한강변 마천루에 스포트라이트 켜지고
삼전벌 초원위로 굴렁쇠가 구른다
숨죽여 지켜보는 지구촌 관중 앞에
그러렁 그러르렁 굴렁쇠 소리 우렁차다
아차산 봉수대에 봉홧불 타오르듯
성화대 불꽃 앞에 인류가 환호한다

한강수 두 물길 두물머리 휘감아 돌고
청홍의 회오리는 태극 깃발 아우른다
한강수는 민족의 젖줄, 번영을 이루는 곳
풍요의 땅으로 흐른다
생명의 원천이 흐른다
한강수야 흘러라 넘치도록 흘러라

반만년 한강수가 한강의 기적을 일구었고
풍요와 번영이 지구촌을 일깨운다
한강수의 물길소리 평화의 노래소리
다가다당 장구소리 두구두둥 드럼소리
'손에 손잡고 벽을 넘어서'
지구촌의 흑과 백을 하나로 아우른다

백두에서 한라까지 호랑이의 힘찬 비상
양과 음의 태극의 기운 우주로 날아오른다
한강수는 민족의 젖줄, 평화를 이루는 곳
풍요의 땅으로 흐른다
생명의 원천이 흐른다
한강수야 흘러라 넘치도록 흘러라

성내천

[1]
갈대숲 배경으로
청초한 수련이 곱다
가느다란 뿌리하나 물결에 흔들리고
희롱하던 메기는 배 붙이고 졸고 있다
늘어진 수염끝에 버들치가 쪼고
연잎 아래 잉어 둘 입만 뻐금거린다

쉬어가는 물위로
소금쟁이들 톡톡
파란 하늘에 원을 그린다
다리위 꼬마녀석 돌팔매질 한 번에
갈대숲 해오라기 푸드득 날아오른다

토성안 생명들 품고
성내천이 흐르고 있다

[2]
돌창으로 삶을 찔러 삶을 이어가고
모래톱 구덩이에 화톳불 지킬 때 부터
때론 둘이 때론 셋이 지도를 나누며
토성을 허물고 또 쌓고 있는데

천기에 순응하여 넘쳐도 말라도
주검 너부러져도
영원한 생명수로 묵묵히 치유한다
바다로 흐르는 길 따라가 주고
산으로 오르는 길 가르쳐 주며

성내천이 흐르고 있다
역사가 흐르고 있다.

온달 설화

아단산 산성 위로 비 오듯 화살이 나르고
열린 성문안으로 말발굽 소리 울린다
북녘으로 밝힌 봉홧불 노을처럼 꺼져가는데
가슴에 박힌 살 하나 피를 뿜어 붉힌다
석양에 물든 아단산 노을
그대 눈물 속에 가득히 일렁인다

바보는 살기 위한 수작이었고
울보는 다스리기 위한 조작이라
사람들은 입을 모아 전설로 만들었소
대장부 주검되어 그대 앞에 나설 수 없고
출사표 버린 패장군 돌아갈 곳이 없어라
이대로 산성 석축되어 아단산 혼이 되리오

그대가 쏜 화살 몇 천이고 몇 만이오
그대 말이 달린 길 동서남북에 몇 만리요
사람들은 입을 모아 전설로 만들었소
대장군 나가는 길 부귀영화 누리는 길
그대가 품은 뜻은 아단산만 알겠지요
역사는 전설이 되어 후손들 입으로 전해지리오

주)'아단산'은 아차산의 옛 지명으로 '해돋이 산'이라 알려져 있다.

지구촌의 K

공원 안쪽 느티나무 따라
몽골 텐트가 열 지어 세워지고,
정면 초대형 스피커에서
리허설 비트곡이 튕겨져 나간다
건너 소나무 언덕에서 메아리가 돌아온다

이번 주말 공연이다!

출렁거리는 젊음의 물결들
땅거미를 밀어낸 공간을 채운다
땅은 잔디를 품고 통통 떠오르고
메아리가 123층 탑에서
원색 빔을 송파(送播)한다.

국경을 넘고 인종을 아우르고
흑과 백의 중심에서
꽹과리채가 드럼을 두드리면.
K- 문양(文樣)의 깃발들이
지구 끝에서 메아리로 나부낀다

따가운 오후 햇살은
나뭇잎 아래서 열기를 식히고
공원은 잠시 땀을 닦는다
정적의 푸른 정원에
꼬마들 노래소리가 들린다

아마도 1

아마도
참새다리에는 실핏줄 한 가닥만 흐를거야
저리 가는 발목을 하고 있으니

아마도
삶이 힘들 땐 하늘을 날거야
그 발목으로 몸무게를 감당하기 어려워

아마도 2

아마도
어미소 코에는 쇠말뚝 하나 박혔으리라
저리도 큰 코뚜레를 달고있으니

아마도
하늘을 쳐다볼 땐 삶이 힘들어서 일거야
벽공을 나는 참새 날개를 볼려고

망우초

원래 살던 곳은 개울가 둔덕 아래
흐르는 달빛보다 잰 걸음으로
도굴꾼의 전리품처럼
외눈박이 욕망이 아파트 베란다로 데려온다

자동조절되는 에어컨이 돌 때 마다
일렁이는 솔바람이 그립다
종일 가습기가 분무하는데도
개울위로 흐르는 안개 소리가 그립다

어둔밤 바깥이 궁금하여
몰래 길게 목을 빼고
15층 아래 고도를 가늠해 본다
아침이면 여지없이 굽어진 목덜미에
죄수처럼 쇠꼬챙이가 묶인다

인산 비율 높인 화학비료 한 삽
씨방을 튼튼히 한다나
건강한 뿌리를 위한 칼륨은
수돗물 세 컵 속에 충분히 녹아 있다나

원래 피부는 햇볕에 어울리는 황색
노란 물감으로 염색하더니
아예 흰색으로 바꾸어버린다

그는 드디어
마시던 검은 커피잔을 내려놓는다
소파에 앉아 하얀 이를 드러내고
허공을 보며 허옇게 웃는다

그립구나
흐드러지게 웃는 풀꽃들아 차라리
내 꽃잎 들추며 달라붙던
왕진드기들아

늪

살던 집이 무너져 내리는데
학 한마리
길다란 목을 꼿꼿이 세우고
미동도 없이 두 눈만
꺼덕거리는 포크레인 삽날을 보고 있다
간혹 불어오는 갈바람에
흰 깃털이 펄럭거리면
고고하게 매무새만 다듬을 뿐

늪이 무논처럼 변하고
저녁 노을이 흙빛으로 반사된다
또 한마리 학
갈고리처럼 목을 꺾어
초조한 눈으로 잔해더미를 노려보다
갈대잎과 부들뿌리 뒤엉킨 진흙더미 속
미꾸라지 한마리 찍어 올린다
곁에 둘러 선 다섯 마리 새끼들
일제히 고개를 든다

이튿날 동트는 아침
학 가족은 더이상
사라진 늪에서 보이지 않았다.

성 찰

눈길을 걷다 보면
걷다 보면,
몸은 깃털처럼 가벼워지고
한참을 더 걷다 보면
수증기가 되어 허공으로 사라진다.
지금 보이는 너는
누구냐!
하얀 눈위에
어지러이 발자국만 찍었던 너,
어제의 내가 아니다.

편의점 1

골목 안
편의점에서
삼각김밥 한 개를 꺼내
먹고 있다.

너는 왜
삼각형이야?
반쪽은
어디갔니?

편의점 2

오늘도 어쩔수 없이
편의점에서 비닐우산 한개를 샀다.

투명색 비닐속으로
앙상한 속살이 보인다

혹시, 가다가 비 그치더라도
저를 버리지 말아 주세요!

세 모

사람이 살기위해 만든
1년이 저물어 갑니다

베풀줄 모르고,
매일 바라기만 한 365일
구세군 냄비 앞에서 부끄럽습니다

오늘과 다를 바 없는
내일이지만,
사람이 살기위해 만든
또다른 1년이 시작됩니다

나의 1년도
어김없이 시작됩니다
'내일부터 하겠습니다'

부디 다른 한 해가 되기를!

원과 공간

1판 1쇄 | 2023년 12월 29일

지은이	이종철
펴낸이	황민
삽화	김다빈
편집	이정진

펴낸곳	리아북스
출판등록	2022년 11월 11일 제251-2022-000127
전자우편	contact@liabooks.com
홈페이지	www.liabooks.com

ISBN   979-11-983993-0-4 03810

*책 가격은 뒷표지에 표시되어 있습니다.
*지은이와 협의에 의해 인지는 생략합니다.
*잘못된 책은 교환해 드립니다.